TIERNAMENTE MORIMOS

Daniel Alcázar

Aliarediciones

Corrección: Julia Salas
Diseño de cubierta: Laura S. Ayuso
Maquetación: Aliar Ediciones

Depósito Legal: GR 469-2024
ISBN: 978-84-10155-80-0

Impreso en España

Edita
ALIAR Ediciones
www.aliarediciones.es
info@aliarediciones.es

PRÓLOGO

El alma del poeta tiene la capacidad de expresar el sentimiento más íntimo que alberga su ser ante las situaciones más adversas y desgarradoras que pueda experimentar, y eso es, precisamente, lo que Daniel Alcázar hace en este poemario,
donde reflexiona sobre la vida y la muerte.

Adentrarse en las profundidades del alma y reconocer la herida sin caer en el abismo, convirtiéndola en arte, es una forma de descarga emocional a la vez que un soplo de aire que desanuda el desgarro contenido. En estas páginas, encontrarás al hombre que se aferra a la vida en los albores del duelo, que revitaliza el valor de la caricia cuando se tuvo y reconoce lo implacable que es el peso de una pérdida tan importante. La partida de una madre, que se ha marchado demasiado pronto, es el punto de inflexión para convertir en verso el dolor, para que aflore la nostalgia amarga del amor y la vida cuando aún palpitaban. Cuando ya no hay tiempo para decir adiós, cuando el frío silencio de la partida hiela la calidez de la caricia materna, es cuando los recuerdos planean sobre la memoria de lo que fuimos en otro tiempo, y ese tiempo se revela en llanto, desgarro y reflexión incluso en el día a día de la vida cotidiana. Porque todo tiene un principio y un fin, y lo que nos llevamos es el camino recorrido y compartido.

La lejanía dolorosa que deja a su paso la muerte nos hace ser conscientes del valor de la existencia y de lo perturbadora que puede llegar a ser la ausencia, y Daniel conjuga ese profundo sentir con su mejor pluma en unos poemas que no te dejarán salir de su lectura igual que como entraste.

En *Tiernamente morimos* se desprende la herencia del amor recibido en el eco de una vida que enriqueció y abrazó a la del poeta, el hombre y el hijo que hoy siente la nimiedad del ser ante el dolor punzante del vacío que se queda anclado en el alma. Un poemario profundo, reflexivo, intimista y lleno de matices, cargado de recuerdos, de soledad, de rendición y homenaje, rodeado del amor que solo se tiene a una madre.

Raquel López Martín
(poeta)

TIERNAMENTE MORIMOS

Daniel Alcázar

«Del nicho helado en que los
hombres te pusieron,
te bajaré a la tierra humilde y
soleada».

Gabriela Mistral

«La muerte y yo nos llevamos bien».

Antonio Gala

«Da a cada uno, Señor, su propia muerte,
la muerte que deriva de su vida,
esa vida en que hubo amor, pena y sentido».

Rainer Maria Rilke

Para mi familia materna
y para los que ya no están.

PARTE I

COMO UN CUERPO SIN ALIENTO

EPITAFIO

«Aquí yace uno cuyo nombre fue escrito en agua».
John Keats

¿Escribirás algo sobre tu tumba?
¿Un poema? ¿Una caricia?

Ni poesía ni temblor.
Tal vez unas palabras
con trazos de huesos
y que en mis últimos instantes
serán calor y luz
y algo más tarde
serán entristecida tierra.

En la lápida rezará:
«Fui un alma de agua.
Ahora ya rumor de hielo».

ESTERTORES

La televisión grita.
La historia se repite.

Tropezar con la misma piedra,
con la misma temeridad.
Perderse en el mismo camino.

¿Es tarde ya para la fe?
¿Es pronto aún para ser condenados
por envenenar la vida deseada?

Que baje ese dios y ponga grilletes
a las manos que aprietan,
a las bocas dentadas que devoran
y vomitan las sobras,
a los que dividen injustamente
panes y peces y aglomeran
los billetes en sus carteras.

Agoniza toda esperanza
colgada de un abeto.
Morimos lentamente todos,
sin un ápice de cariño,
ya rendidos, en combustión.

Y mientras el mundo caduca,
el nuestro se detiene
en sus últimos estertores.
No hay peor noticia para
el ser humano que
la muerte de una madre,
pero la televisión no
llorará por ella y
nosotros sobreviviremos
sin la plenitud de su amor.

MUERTE INFINITA

Inmóvil.
Su boca abierta.

Hora de la muerte: eternamente.

Palidez.
Sus ojos ciegos.
¿Incineración?
Siempre quiso ser aire.
Su mano,
ternura exánime.

Inmóvil,
su boca abierta,
sus ojos ciegos,
su mano exánime.

Hora de la muerte: todos los días.

Mamá ha muerto.
La ternura de sus manos,
de sus ojos,
de su inmovilidad ausente.

Hora de la muerte: a cada instante.

Mamá se fue,
mamá se ha ido,
mamá no volverá,
ni hoy ni mañana.
Su boca abierta,
sin palabras,
sin ternura en sus labios.
Mamá está inmóvil,
ha muerto de nuevo,
una muerte infinita,
muchas muertes,
a cada instante,
todos los días,
eternamente.

Quiso ser aire,
sus ojos de agua,
su boca de noche,
su muerte infinita.

Hora de la muerte: tiernamente siempre.

DOLOROSA MARAVILLA

Qué dolorosa maravilla
fue tu cuerpo impasible.

De pie frente a tu cama,
parado en tus abiertos ojos
de cristal profundo y apretándote
la mano en un intento inútil
de mantenerte aún viva.

Un haz de luz alumbrándolo todo:
mi abatido semblante,
tu boca abierta y oscura,
la habitación y el tiempo.
Una luz apacible, tierna,
llevándome por el blanco vaivén
de tus brazos de madre.
¡Cuánta pulcritud en esta tristeza!

Qué bello fue decirte adiós
con nada por hacer,
sin nada que decir,
sintiéndome un trémulo resonar,
el eco de una vida
majestuosa y perpetua.

CORONA DE FLORES

Los lirios azules casi,
los claveles no tan rojos,
las margaritas que lloran de color.
En cónclave, gravitando su jardín
de donde el perfume huyó
por no querer presenciar
la fiesta para un muerto.

Flores que presagian el dolor
y se unen en una algarabía
de sollozos infantiles.

Tanta devoción a los ausentes.

El frío y la desaparición
serán su destino.
En la muerte llegan tarde.
                    Vergel para el consuelo.

El texto de la corona:
«TU FAMILIA TE QUIERE»
                    y los gusanos se ríen
de un cariño tan florido.

MARCHA LÚGUBRE

Con cada una de las palabras que escribo
mueren en mí mil luciérnagas.
Con cada uno de estos versos como hormigas
mi cuerpo contrae la piel.
Y cuando acabo lo escrito,
al prender todas las luces de esta calle
que es el hálito ceniza de mi aliento,
oigo el soniquete hueco de tu sollozo,
ahogado por un trueno que acuchilla la mar.
Y así, sin ruidos ni cantos,
se hace evidente en el triste tronco
de este árbol ingrato que soy,
a golpe de pulso,
con tan solo una nota,
la lúgubre marcha prematura,
que salvaje e imparable,
viene a pudrirme mis raíces cortadas.

PEQUEÑO

Sentirse pequeño
bajo los arcos de la Historia,
ante la cúpula del panteón de Roma,
a los pies de las pirámides de Guiza.
Pequeño indefenso frágil,
tumbado en la hierba con el universo
penetrando en mis ojos.
Pequeño por el amor desmedido.
Asustado por el escalofrío
del primer beso en los labios.
Enormemente pequeño
por la insignificancia del hombre
en el centro majestuoso y bello
del antiguo hayedo de Alemania.
Pequeño en la oscuridad
abismal de las fosas de las Marianas.
Pequeño en las guerras,
en el hambre,
en la soledad sobrecogedora
de la cima de una montaña.

Pero jamás tanto,
nunca tan pequeño,
como me sentí
ante la muerte de mi madre.

LA TERNURA

«Lo débil y lo tierno vence lo duro y lo fuerte».
Lao Tsé

La ternura de las contradicciones,
de los vértices y aristas,
de la perfección simple
de una brizna de hierba.
La ternura de una sonrisa nívea,
de la frágil grieta de la inocencia
de un bebé.
La ternura del agua,
de los ríos incansables,
de los mares que, aunque asesinos,
        son las playas de la infancia,
de los lagos que de tanta calma
son suaves praderas azules.
Todos ellos en el extremo
de la existencia se me ofrecen,
constantes inquietos tranquilos.

La ternura que abruma a la muerte
en los ojos vencidos que aún miran.

LA BESTIA

Ella sonríe mientras me devora.
Me clava sus garras en el hambre,
me ama a bocados
y soy un velo negro
cubriendo los ojos de mi madre,
su cara de manzana, su triste
semblante inclinado de espiga.

Me arrebata el alma
y la pone en una pica, para que el cuervo
se coma mi mirada y escupa mi muerte.

Muerte mía, muerte ahora en el azul
de este tiempo escurrido
entre la vieja mano que aprieta.

Muerte ahora en el martirio del campo
y en el soplo del perro moribundo
que lame incansable la vida.

SOMBRAS

Con siete años seguía sombras:
la sombra ceniza de mi padre,
la sombra redonda de mamá
y aquella sombra azul de mi abuelo.

Mi abuelo sombra entre los fantasmas
del insomnio.
Su lucha salvaje sin victorias,
el vino diluyéndose por cada rincón
de sus miedos. La guerra cruenta en su boca
disparando demonios y sueños.
La rabia en sus manos de gigante,
cerrando los puños
por las noticias de ayer y de hoy.

Seguía su sombra
sin entender sus silencios,
sin conocer la ruta que nos llevaba
a los campos baldíos de la memoria.

«Danielito, cuidado donde pisas.
De esta tierra brotan los muertos».

Mi abuelo: mirada gris,
erguido semblante,
caballero apuesto de la mar.

Él, las agallas en los dientes,
la sangre encarnada en las mejillas,
una sombra enorme que cubría
tiernamente mi niñez
y limpiaba mi mirada
cuando lo observaba, majestuoso,
en el sillón de los cuentos
que más tarde fueron nuestra historia
y hoy es el honor del hombre
que escapó de la memoria
en la herencia desoladora de los vencidos.

LA PALABRA

«...yo te siento en mis labios al ir hacia la muerte».
Antonio Gamoneda

¿Por qué no sueño contigo?
¿Dónde está la fruta de tus labios?
¿Cómo haré para recordarte?

Dicen que siempre te llamo en versos,
que solo escribo por ti.
¿Cómo no escribirte si eres la palabra?
Eres todas las conjugaciones
que gravitan el idioma
de lo incierto en la certeza,
la palabra que no deja
de ser palabra en la cúspide
de un beso y un bonito secreto.

La palabra madre que es también
calor, cuna, consuelo y caricia.

Decir madre
            es encender la ternura
                        en la noche de la boca.

ESTALLIDO

He visto los tentáculos de la muerte
apresar cientos de almas.
He visto la muerte sonriendo
en la decrepitud de la vejez.
He visto la muerte recién nacida
en edad aún de ser amamantada.
La he visto chapotear en la fuente
de la eterna juventud.
He visto la muerte surfear sobre las olas,
volar en parapente y visitar intrépida
las entrañas de una cueva.
He visto la muerte colgada de un árbol
como fruto maduro.
He visto la muerte en la cama, en el suelo,
sentada en el sofá frente al televisor
y entre los brazos de un padre.
La he visto arrojarse desde los balcones,
desparramarse en las vías y las carreteras,
esconderse tras los monitores en los hospitales.

He visto tantas muertes que las he olvidado todas
y así dejé de sentirlas,
hasta que vienen a estallarme
en el corazón
cuando no soporto
el frío silencio
de tu tumba.

ÁRBOL GENEALÓGICO

¿Cuán llena de sangre está la copa
de todos mis ancestros fallecidos?

Bajo las velas y con la inquietud
de un agujero en la pared, sorbo
cada gota hasta entender el llanto.

Es profundo el miedo cuando se ama.

¿Es la sangre dolor o torrente?
Amar en el árbol oriundo es morir
en la pasión de la cruz y los clavos.

Atado a las raíces que ya no están
sin alzar la cometa de mis dedos
con un aire escaso de temblor.

Un árbol sobre un monte regado
con la corriente tenaz de la sangre.

EN LOS OTROS

Un cuerpo es un alma acústica.
Un alma es una flor durmiente.
La flor es la luz de la cama
donde un cuerpo se pudre.
La muerte llega y brilla
en los ojos abiertos
de un tiburón cazando.
En el árbol arraiga la ternura
y grita en el hambre de un sol
que lame extasiado una charca.
Yo expiro en este amanecer
donde aún soy carne
blanda, cálida,
con el misterio leve
de la huída y la boca
de tierra ahogada.
Y dejé de vivir en mí
y comencé a existir
en la lengua de los otros,
hasta que dejaron de llamarme
cuando la arena sepultó la palabra.

LA DISTANCIA

«Hasta la luz, para poder pensarla,
sentirla como luz, se aleja a cada instante de sí misma».
Lorenzo Oliván.

La distancia es el lugar que habitamos.
Aquí me siento a salvo de mí mismo,
aun teniendo tan lejos
el horizonte de tu cuerpo.
Pienso en el mar sin los contornos
que lo contienen, sin las latitudes
del deseo que me ocupa.

Pensar en aquí y allá o acá y allí
es contar ovejas numéricas
pastando en la vigilia o el sueño.

Separarnos fue la única manera
que encontramos de estar unidos.
Me lo susurran las palomas,
los puentes que cruzan ciudades,
y el viento atormentado
que suplica tu nombre.

La peor distancia es la del tiempo,
más cruel que la existente

entre tu cama y la mía,

aunque pensándolo bien,

la distancia definitiva es la muerte
en ese hoyo profundo llamado olvido.

SOLO UN NOMBRE

No sabemos que es aquello que existe
entre el hielo y el agua,
ni entre el fuego y los rescoldos.
Averiguar qué hay en la verdad
antes de ser mentira
o después de ser solo una idea
o la intención de ser palabra.

No sé qué fui antes de suceder
antes de construir mi armazón,
de desempolvar las soledades
que en mi interior solas viven.

Las almas siempre serán
vestigios de pasión desconsolada,
moratorias de un ejemplo
fugaz de consciencia.

Yo quise recordar todos mis nombres
y simplificar la magnitud de mi culpa.
Somos culpables por existir,
por simplemente amar.
Que me nombraran fue súbito dolor
y repentina vida.

Porque quedará mi naturaleza
entre el momento eterno y efímero a la vez
de tomar aire y expirar.
Tiernamente evaporándose el pecado
y comenzando a solo ser nombre
y un recuerdo condenado a morir.

EL BALCÓN DEL OLVIDO

Tengo un balcón gris traslúcido en mi memoria.
Sobre él planea la vida con sus alas desplegadas.
Un balcón orientado a una lejanía dolorosa
que no alcanzo a divisar,
de donde me llegan susurros,
números y nombres
y siento ante mí los rostros pasados
y esos ojos que acusan
y son cuchillos de cristal.
Allí el horizonte va muriendo,
un solo árbol en pie,
un gorrión con cara de niño,
la ternura de mi madre
sin rastro de la leche de sus pechos,
de la tarta de mi décimo cumpleaños,
sin velas, sin el fuego que alumbra
y reconforta mis manos frías y temblorosas.

Es la madre una puerta abierta
—a los sueños deseados—.
Es la madre la llave que abre
todas las puertas cerradas.

Asomado a este precipicio
se detiene el tiempo interminable
con esa mirada de niño asustado.

Oigo el gemido de la bestia
y siento su aliento en mi boca.
La bestia soy yo mismo que,
con fiereza, devoro mis dedos
—la mano entera—.
Hurgo entre la maleza que crece
en este balcón que ya no es consciencia
tan solo corazón.
Mi pequeño corazón, tristemente mínimo,
con patitas de ratón.
Mi corazón abrumado
por esta soledad de piedra
en alta mar hundida
y que a pesar del olvido
aún sigue
latiendo.

IRRITANTE

El grillo en la cama.
El ladrido en el sueño.
El dedo en la llaga.
La risa ante el muerto.
La tos del silencio.
La prisa sin tiempo.
El golpe en la pierna.
El grito en el cielo.
La mosca en la siesta.
El plato en el suelo...

La Muerte inquieta
en mi calma serena.

LA NOCHE DE LOS TIEMPOS

Era el día.
Yo amanecí soleado
con los gritos de júbilo
de la infancia en mi garganta.
Amanecí florido,
dibujando con mis manos
una mariposa negra en la pared.
Desperté cegado de luz,
arremolinado entre las sábanas
y vivo en la alegría de una ardilla
frenética trepando su encina.
Era el día,
pero ya se fue,
llevándose victorioso el deseo de verte.
Dejando todas la noches de los tiempos
sobre mi cama.

DESNUDO DE NATURALEZA

Y qué será de las huellas
de una vida abandonada
en las hojas de papel.

Y qué será de mis puños
cuando queden liberados
de las cadenas del tiempo.

Minúsculas fueron mis reliquias
en esta frágil senda encalada,
que de tanto sobrellevar carne
fue la propia imagen de la muerte.

Libertad es ya no estar enamorado.
Amar es encierro para el corazón.
Un corazón es preso de otro latir.

Caminando en este valle
de lágrimas y lamentos
siento el palpitar del bosque
con sus pájaros sin alas
y sus árboles sin nidos.

Claro de naturaleza
me vienen todos los rostros

que ocuparon los rincones
de tan magnífica historia.

Y qué será del infierno sin las brasas.

Y qué será de mí sin el fuego que arde
oculto en el impulso que me sostiene.

EL PESCADOR

Antes de que el pescador lance el anzuelo
ya tiene todo el océano entre sus manos.

Antes del día en que estemos todos muertos
ya estamos muriendo desde el primer llanto.

PARTE II

COMO UN FINAL QUE TE ABRAZA

EL CIELO ENTRE LAS MANOS

Niño sosteniendo una paloma.
Pablo Ruíz Picasso

La vida es ternura.
Correteo por el patio.
Me encuentro en el centro
de un universo que gira
gritando y riendo
mientras surge la luz.
Canciones infantiles
agitan las persianas
y las flores en equilibrio
exhiben sus maravillas.
Y bailo agarrado a su mano
sorteando obstáculos y relojes,
viviendo en la triste pavesa
de aquel que seré y morirá.

Tiernamente un grito, una patada,
una herida en el codo
y el sudor como estandarte
de infacia y libertad.
Soy la ternura del niño
que sostiene el cielo entre sus manos.

NUNCA ES TARDE

Nunca es tarde para la poesía,
me dijo el niño, cuando
acuchillaba una sonrisa
vivamente tierna bajo mi piel,
en el centro del pecho, mientras
callada llegaba la muerte.

LA TERNURA DE LAS FIERAS

«No despertéis a la implacable fiera
que duerme silenciosa en su guarida».
Rosalía de Castro

Colmillos, garras.
Pura pasión en la boca.
Una fiera es fiera hasta amando.
Mordiscos, dentelladas.
Toda rabia inequívoca.
La fiera es fiera también besando.
La fiera no se olvida de matar,
aun soñando,
incluso muriendo.
La ternura de las fieras está
en el empeño de seguir existiendo.

EL VIEJO

El viejo contempla las piedras de una obra.
Tras él, las piedras amontonadas,
unas sobre otras, de un templo cristiano.

El viejo prefiere lo recóndito,
lo inimaginable.

El viejo no es viejo por su pelo blanco,
ni por las arrugas,
ni por su cuerpo encorvado.

El viejo es viejo por aquello que observa,
por esa mirada
selectiva de la vida.
El viejo es viejo por cómo mira el mundo,
como un peregrino
que admira por vez primera
las maravillas de un reino.

Es viejo por su instinto para advertir
detalles, por su facilidad
para centrarse en la nada,
porque el viejo sabe descubrir misterios,
descifrar enigmas,
y captar la esencia impasible de la materia,
de lo que más nadie puede ver.

El viejo no es viejo,
es el recogimiento del sabio
en el origen del hombre.
«No son solo piedras.
Fueron sueños. Serán catedrales.
Es la blancura que se acerca».

El viejo es amante de todas las cosas,
porque todas las cosas existen
en los albores del tiempo.

ANUNCIACIÓN

Aire contigo; sol vivo.
Un hermoso libro abierto,
y sobre el papel, palabras.
Un haz de luz marca el ritmo:
aire
      contigo
                  sol
                        vivo
como una santa visión,
una señal que se muestra
fugaz, bella castidad
solemne plasmada fiel
en este rosario luminoso.

Ya no creo en el azar
—la suerte está echada—
incluso antes de ser nombre.

Que un nervio solar te alumbre
reina en un poema cualquiera,
no es más que la epifanía
de querer ser
                        contigo aire
y sol vivo
                  en estos versos
que no morirán.

LA BICICLETA

«...el universo roto
mostrando sus entrañas...»
Octavio Paz

Una bicicleta lleva grillos en las ruedas.
Una mujer es el amanecer de este día.
Los árboles parecen ausentes
aunque corran lavas de nieve
                                        por sus entrañas.
Yo pienso en las raíces de tierra
que me sujetan a este momento azul.
Siento el ritmo indómito
  de la existencia
en ese pedaleo de la rutina
que arrastra cantos
                                    y luces nuevas,
la fortuna de pertenecer
a este bosque sonámbulo que es el mundo.

Me muevo dentro del bucle
                                    heroico del cosmos.

EL POZO

Si mueres ve hacia la luz
al final del túnel, dicen
los que pudieron volver.
La muerte es negra y si la miras a los ojos
puedes percibir la blancura en su núcleo.

Mi muerte es un pozo de agua clara
por la que veo un fondo lúcido y limpio.

Mi muerte es la resurrección
luminosa
y palpitante
bajo tus bragas.

PRIMAVERAS

Murieron en mí las primaveras
que no ocurrieron. Aquellas
que no pude oler ni pude
sobornar a golpe de piropo.
Las flores son diamantes pulidos
e indestructibles. Se toman
el descanso del guerrero
tras la alegre llama de sus pétalos.
Luego vuelven a la afrenta,
antes incluso de otoño
y más allá del abrasador verano.
Mueren las melancólicas coplas
que en primavera no pude oír.
Ya el invierno me invita a bailar
tristemente al son de las nevadas.

EVOLUCIÓN

Bajar del árbol original.
Los primeros pasos.
Remontar fuera del nido.
La costumbre de encender hogueras
mirando a los astros.
El hombre luchó consigo
cuando se apagaron esas luces
refulgentes y misteriosas.
El hombre se encargó de ser Dios
y pintar mundos en las paredes.
Como astronautas de su propia existencia,
corrieron sin gravedad
y alzaron el vuelo y consumieron
todo el oxígeno de los mapas.
Y fueron la lucidez del fuego
y el arrebato de los meteoritos.
Fueron la extinción del somos
levantando las fronteras
con la violencia fiel de un incendio
sobre los cauces de las palabras.

CATEDRALES

En el silencio está el frío de los templos.

En las catedrales los muertos
son huesos célebres ya sin raíces,
sin más misterios que la fe y la devoción.

En las catedrales los corazones
laten callados,
sin pájaros que pregonen las desventuras
de los que duermen un sueño perpetuo.

Las catedrales recogen, en su sonido
gris, las plegarias por el eterno descanso
de la conciencia de los vivos,
aunque algunos tengan el alma negra
por siempre.
Las imágenes congregan,
en sus arterias de mármol,
la ausencia del rumor de lo que vive
y el eco apagado por el mismo eco.

Yo admiro a mis hermanos
en su perfecto ritmo de ausencia,
sujetos a otro tiempo,
a una luz distinta,
aquella que emana del que se sabe muerto.

UNA JAULA EN EL PÁJARO

Me acerco muy sumiso
como un perro encorvado
esperando recibir la estocada
o la caricia.

Morir es alejarse agotado del tiempo,
es ser arrojado tan suave,
o ser llevado arrastras al final.

Al llegar al límite
no hay un puente ni un túnel,
tan solo abismo, intangible frontera
entre el ser y el no ser para siempre.

En aquel instante, traspasado el umbral,
seré la jaula que respira
abiertamente en el pecho del pájaro.

AUTORIZO A ESTE POEMA

Autorizo a estos versos a ser de nadie,
ni de quien lea ni tan siquiera míos.

Autorizo a este poema
a romperse con orden,
a rendirse a la muerte
cuando llegue la agonía.

Autorizo a este poema a rechazar la escala,
a escapar del ahora y divagar indigno
por la línea del tiempo.

Autorizo a este poeta
a dejar de imaginarte,
a no escribir más nada
de lo que ya nació muerto.

TANTO

Hay un cielo en la gaviota.
Dos ojos en tus ojos

y una mirada
mirándome tan tuya
tan blancamente real
tan nuestra
tan mía.

Hay un rostro en tu sonrisa.
La caricia en tu mano
son senderos de raíces
que abren fronteras,
amor.

La luz tibia tan mía
y tanto cuerpo, tanto,
tan tuyo,
tan libre.

EXTINCIÓN

Cinco mil millones de años.
Una estrella engullirá a la Tierra.
La nada se avecina muy lentamente.
No seremos fuego ni cenizas,
solo nada en la luz.

Cinco mil millones de años
hasta la extinción humana
y tiemblo por ellos,
lloro la angustia futura
como quien sabe de premoniciones
y aun así, tirita en la caricia.

Cinco mil millones de años
y estaremos muertos,
y tú y yo queriéndonos poco
casi sin rozarnos
en un giro de acontecimientos
en el que amar fue la idea
y aborrecernos el destino.

Cinco mil millones de años
y la Tierra será el recuerdo
de un bosque verde,
del color azul,

de los amantes enfurecidos
y de un amor nuestro
                    ya engullido
por la nada.

CIELO Y MAR

Se amolda los rizos negros
con una suave caricia.

En el horizonte un puente
con rotundo nombre de mujer.

Frente a ella, su madre apunta
con esmero y precisión,
para que sea perfecto el encuadre.

Su hija. El puente. Siempre el mar.
Una sonrisa y dispara.

Se acercan a admirar la obra
en la pantalla del móvil.

Se miran entusiasmadas:

la hija por el azul pleno;

la madre, al entender que cielo y mar
concibieron un puente
como ella quebró su cuerpo
aquel día que dio a luz.

COMO EL MORIR DE LA HIERBA

«Sé gritar hasta el alba
cuando la muerte se posa desnuda
en mi sombra».
Alejandra Pizarnik

Retozar en la pereza
y mientras leves las alas
despliegan todo su llanto.

Esperar en la guadaña
evaporado el silencio
de los árboles talados
y que después de marchitos
aún crecen bajo la tierra.

Cortar las uñas al viento
y dejarán de chirriar
entreabiertas las ventanas
de una jaula de granito.

Soñar sonámbulo siempre
por la senda placentera
de los cabellos de madre.

Y así, así encontrar la ruta
que ha de llevar a mi cuerpo
por ese morir de la hierba,
en ese adiós de la vida,
a un agujero sin nombre,
sin oraciones, sin tiempo.

REQUIEM

Dales, Señor, el infierno eterno,
que las tinieblas sean en sus ojos.

Dales, Señor, lo que a mí me diste:
pesares en las noches oscuras
y arribadas de barcos en mi alma.
Oye mi plegaria justiciera
contra los que cercenan el brillo.

Condena, Señor, las almas tristes
con la ira de tu amargo propósito.
Que aplastados por tu dedo fiero
se arrastren ineptos como hormigas
convertidos en nudos de alambre.

Vendrá desde la tierra profunda
feroz tu llamarada de cielo,
arrodillando a los cuerpos pobres
ante la hostia de aire de tu rostro.

No perdonéis a los crueles hombres
que quisieron levantar los muros
contra la excesiva y luminosa
esfera violeta de tu pecho.

Concédeles, Señor, el dolor
que tanto adoraron como esfinges
sometiendo a tu casa de hoguera
a las tempestades del océano.

Lobeznos de Dios
que mamasteis de la blanca fuente,
consagrando la vida a los muertos
sin entender la gracia del llanto
en los albores de las estrellas.

Líbrame, Señor, de la piedad
por esos que lapidan la flor.
Que las profundidades los lleven
con los demonios que convocaron
con sus negros labios corrompidos
y así, Señor, condénalos como
ellos condenaron con sus manos,
a las tristes mujeres del mundo.

LLORARÁN MI MUERTE

María, Elisa, Manuela,
en una perfecta tríada,
susurrándole a la muerte,
llenan de tragos amargos
las copas de los dolidos.

Ellas representan ciegas
habitaciones cerradas,
sombras bajo las sombras
como fingidos dolientes.

María, Elisa, Manuela.
Ellas llorarán mi muerte
y con sus lágrimas
liberarán y darán lustre
a mi pobre y escaso cuerpo
para cuando llegue
la diosa implacable
a llevarse mi alma, sea esta
ya de agua extrañada y fría
y alud de aire en mi último aliento.

EL TRAJE

Es inquietante verlo desvestido
de carne en el interior del armario
como un corazón que acusa y delata.

No puedo evitar temblar de extrañeza.

Puñal negro más oscuro que lo oscuro.

Lo dejo suavemente sobre la cama
bien planchado y solemne en su reposo.

Falta su cuerpo frío,
                siempre ajeno a mi presencia.

Me visto el traje sin prisas.
Me inmoviliza la respiración
amarrando mis vocablos,
que tan solo son sollozos
en este mutar a cucaracha
      trepando por los hilos de sus costuras.

FUEGO O TIERRA

«¡Es tan triste
la vida en el cementerio!»
Federico García Lorca

Un cementerio es la colmena
de soledades compartidas:
—nadie quiere ser anfitrión
a los pies de su sepultura—.

Transitar entre los cipreses,
jardines y tierra abonada.
Sentir la calma de las cosas
que ya no tienen solución.

Olvidar quién fuiste
para poder descansar en paz
entre las lápidas y nichos
que contienen restos, pero
también memoria y promesas
que no se cumplieron
y nunca lo harán.

Pasear perdidos pero dignos
hasta encontrar tu propio
descanso en otros nombres
y fechas y pensar

que la mejor manera
de que los otros sobrevivan
a tu muerte es ser pasto
de llamas, ceniza y aire.

En la tierra enraízan árboles
y plantas, hogar y huesos,
y la lenta agonía
de quien te lleva flores.

DIOS

El gladiador espera
bajo la sombra de un pulgar.

El tiempo oscila en la mano de Dios.

ÍNDICE

PARTE I

COMO UN CUERPO SIN ALIENTO

PARTE II

COMO UN FINAL QUE TE ABRAZA

Este libro se terminó de editar en Granada
en marzo de 2024 por

Aliarediciones

www.aliarediciones.es
info@aliarediciones.es